JN116529

季節で味わう、
家庭で楽しむ。

旬中華

今井 亮

はじめに

"春夏秋冬"、皆さんのいちばん好きな季節はいつですか？
日本は南北に伸びていることもあり、
地域ごとの差は少しありますが、
春、夏、秋、冬の移り変わりを
五感でしっかり感じることができる
数少ない国のひとつ。
実は季節があるというのはとても素晴らしいことで、
それが食材の豊かさにつながり、さらに海に囲まれていることから、
古来、諸外国の文化の影響を受けつつ、
それらを上手に取り入れながら日本の食文化も発展してきました。

ちなみに私の故郷は京都府の北部京丹後市。
日本海を一望できる大自然いっぱいの場所で、
幼少の頃より、海、ときには山へ行き、
季節ごとにさまざまな食材に触れてきました。

私を含め、皆さんも大好きな中華料理ですが、
意外と季節感を意識したことって少ないはずです。
パッと思い浮かんだところでは
夏の定番「冷やし中華はじめました。」でしょうか（笑）。
料理のイメージも、"パパッ！と豪快"に作り、
味付けも"しっかりめ"。

もちろん本来の中華料理にも
季節にふさわしいメニューはありますが、
豊かな気候の日本で作る中華はさらにその特徴が出やすく、
季節ごとに変わる味わいを楽しむことができます。

春
寒さが和らぎ、暖かでやわらかな風が吹き始め、
思わず昼寝でもしたくなる季節。
春ならではのみずみずしく、やわらかな野菜をはじめ、
寒い冬を越えてきた魚介類なども美味しい。
味付けはシンプルに香りを楽しみつつ、
寒さでかたまっていた身体を目覚めさせてくれるような優しい中華。

夏
湿気まじりの梅雨から一転、サンサンと照りつける太陽。
力強い夏の暑さに立ち向かえる中華料理を食べて元気に。
辛味や酸味で汗をかいて熱を取り、旬の食材からも水分を補給できる、
夏だからこそ食べたくなるパワー系中華。

秋
肌寒さがチラホラと顔を出し、夏の暑さで疲れている身体。
じんわりと身体が温まる中華で季節の変わり目も乗り切りたいもの。
とろみ系や煮込んだ肉、
新米の季節にぴったりなこっくりした味付けの中華。

冬
いよいよ本格的に寒さが到来し、
乾燥や身体の冷えで体調を崩しやすくなる季節。
しょうがやスパイスを使い、身体を芯からポカポカに温めてくれる料理で
厳しい冬の寒さも楽しく乗り切れる中華。

旬中華で、日々、料理を楽しみ、元気に過ごしてただければ嬉しいです。

今井 亮

● 目次

（　）内の数字は、作り方のページです

● 材料・作り方について

・小さじ1は5ml、大さじ1は15ml、1カップは200mlです。

・「適量」はちょうどよい分量、「適宜」は好みで入れなくてもよいということです。

・ごく少量の調味料の分量は「少々」または「ひとつまみ」としています。「少々」は親指と人差し指でつまんだ分量で約小さじ1/8です。「ひとつまみ」は親指と人差し指、中指でつまんだ分量で小さじ1/5～1/4です。

・野菜類は特に指定のない場合は、洗う、むくなどの作業を済ませてからの手順を説明しています。

・調味料類は特に指定していない場合は、酒は日本酒、しょうゆは濃口しょうゆ、砂糖は上白糖、こしょうは黒こしょうを使っています。

・「中国醤油」「黒酢」としているものは、中国のものを使用しています。中国醤油はたまり醤油のような味わいでまろやかな甘みと豊かな味わいを料理に加えます。黒酢は酸味が少なく、コクと甘みがあ

秋

冬

るのが特徴です。中国醤油がない場合は入れなくてもかまいません。中国産の黒酢がない場合は国産の黒酢を使用してください。

● おすすめの「中国醤油」と「黒酢」
・『老抽王（ロウチュウオウ）』
・『鎮江香醋（チンコウコウズ）』

● 料理を始める前に
中華料理は手早く作るのが美味しく作るコツです。あらかじめ、材料は切り、肉や魚の下ごしらえなどは済ませ、合わせ調味料は混ぜてから料理を始めます。

春

春野菜を楽しむ軽やかな中華

春の野菜は少し特別。
だから野菜本来の苦みや甘み、香り、色を活かし、あっさりとした味付けに。
肉がイメージの中華も、旬の魚で楽しむと、新たな発見があります。

蛸と菜の花の和え物 (p.24)

豆苗と筍の塩炒め (p.24)

空豆ピータン豆腐 (p.24)

9

新じゃがのそぼろあんかけ (p.25)

春にんじんのスープ（p.25）

新ごぼうの塩きんぴら（p.25）

グリーンピースと挽肉の炒め レタス包み (p.26)

牛肉とセリのサラダ (p.26)

豚肉と春キャベツの黒胡椒炒め (p.27)

鶏肉とアスパラガスのオイスター炒め (p.27)

鰆と筍のニラ醤ソースがけ（p.28）

海老と卵のねぎ炒め (p.29)

鰹の刺身中華サラダ（p.30）

鯛と菜の花の春巻き (p.30)

スナップエンドウ、香菜、桜海老の塩焼きそば（p.31）

あさりの中華粥 (p.31)

春餅 (p.32)

p.8

蛸と菜の花の和え物

菜の花はさっと茹で、ほろ苦さを残し、
蛸のコリコリとした食感と長ねぎで食欲を誘います。

◎ 材料 (2人分)

茹で蛸：100g
菜の花：150g
塩：少々
A
　長ねぎのみじん切り：1/4本分
　オリーブ油：大さじ1
　塩：小さじ1/4
　砂糖：ひとつまみ

◎ 作り方

1 蛸はひと口大の削ぎ切りにする。
　菜の花は葉と茎に分ける。茎は
　半分の長さに切り、太いものは
　縦半分に切る (a)。

2 鍋に湯を沸かし、塩を加えて菜
　の花を1分茹でて水に取り、水
　気を絞る。

3 ボウルにAを混ぜ、蛸と菜の花
　を加えて和える。

a

豆苗と筍の塩炒め

いつでも手に入る豆苗も、旬は春。
時間差で炒めることでシャキシャキとした食感に。

p.8

◎ 材料 (2人分)

豆苗：1パック
茹で筍：150g
米油：大さじ1
A
　鶏スープ (p.109参照)：1/4カップ
　紹興酒：小さじ2
　塩：小さじ1/3
　砂糖：少々

◎ 作り方

1 豆苗は根元を落とし、3等分に
　切る。筍は半分の長さに切り、
　2〜3mm幅に切る。Aは混ぜる。

2 フライパンに米油を強めの中火
　で熱し、筍を炒める。焼き色が
　ついたら (a)、豆苗を加えてさ
　らに1分炒めて取り出す (b)。

3 2のフライパンにAを入れてよ
　く熱したら2を戻し入れ、手早
　く炒め合わせる。

a

b

空豆ピータン豆腐

ともに独特の香りで好相性の空豆とピータン。
水っぽくならないように豆腐はしっかり水抜きを。

p.9

◎ 材料 (2人分)

絹ごし豆腐：1丁
空豆：150g (正味)
ピータン：1個
香菜：3株
A
　醤油：小さじ2
　ごま油：小さじ2
　塩：小さじ1/4

◎ 作り方

1 豆腐はペーパータオルで包み、ボウル、ザルを重ねた上に
　のせ、重石をのせて2時間ほど置いて水気をきる。空豆は
　3分茹で、粗熱が取れたら薄皮をむく。

2 ピータンは洗って殻をむき、黄身と白身に分け、白身はみ
　じん切りにする。香菜は1cm幅に切る。

3 ボウルに空豆を入れて粗く潰し、豆腐、黄身、Aを加えて
　混ぜる。白身、香菜を加えてさっと和える。

p.10

新じゃがのそぼろあんかけ

じゃがいもは蒸したほうがあんがのります。
大胆にヘラで割り、熱々あんをたっぷりとかけて。

a

春

◎ 材料（2人分）

新じゃが：3個（300g）
鶏もも挽肉：100g
小ねぎ：1/4束
米油：大さじ1/2
A
　鰹と昆布の合わせ出汁（p.109参照）
　　：1カップ
　醤油：大さじ1
　みりん：大さじ1
　オイスターソース：小さじ1
　片栗粉：大さじ1
　塩：小さじ1/4

◎ 作り方

1 新じゃがは洗って皮付きのまま
　蒸籠で蒸す。竹串がスッと刺さ
　る程度まで蒸したら（a）、ヘラ
　で潰し（b）、4等分に割り、器に
　盛る。小ねぎは小口切りにする。
　Aは混ぜる。

2 フライパンに米油を中火で熱し、
　挽肉を炒める。Aを加え、混ぜ
　ながらとろみをつける。ひと煮
　立ちしたら小ねぎを加えてひと
　混ぜし（c）、じゃがいもにかける。

b

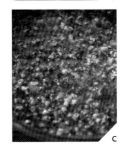

c

p.11

春にんじんのスープ

にんじんの優しい甘みが身体に染みます。
とろりとした舌触りで、誰にでも喜ばれるスープ。

◎ 材料（2人分）

にんじん：1本（200g）
玉ねぎ：1/4個
塩：小さじ1/3
米油：小さじ1
ごま油：適量
A
　水：1と1/2カップ
　紹興酒：小さじ1

◎ 作り方

1 にんじんは1cm幅の輪切りにする。玉ねぎは薄切りにする。

2 鍋に米油を中火で熱し、にんじんと玉ねぎをさっと炒める。
　Aを加えて蓋をし、弱火で10分煮る。

3 2をミキサーで攪拌し、滑らかになったら鍋に戻し入れて
　弱火にかけ、塩で味を調える。

4 器に盛り、ごま油を回しかける。

p.11

新ごぼうの塩きんぴら

新ごぼうは水にさらさず、すぐに炒めて香りよく。
極細かく千切りし、軽く炒めてシンプルな塩味にします。

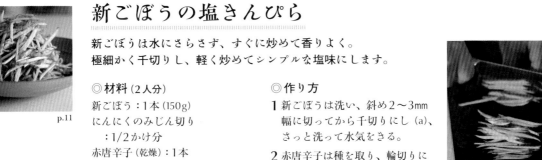

a

◎ 材料（2人分）

新ごぼう：1本（150g）
にんにくのみじん切り
　　：1/2かけ分
赤唐辛子（乾燥）：1本
米油：大さじ1/2
A
　水：大さじ1
　酒：大さじ1
　塩：小さじ1/3
　砂糖：小さじ1/4

◎ 作り方

1 新ごぼうは洗い、斜め2〜3mm
　幅に切ってから千切りにし（a）、
　さっと洗って水気をきる。

2 赤唐辛子は種を取り、輪切りに
　する。Aは混ぜる。

3 フライパンに米油を強めの中火で熱し、にんにくと唐辛子を
　さっと炒める。香りが立ったら、ごぼうを加えて2分炒める。

4 Aを加え、水気がなくなるまで炒める。

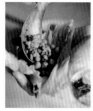

p.12

グリーンピースと挽肉の炒め レタス包み

グリーンピースの香りと甘辛挽肉で野菜がすすみます。
レタスを蒸した春キャベツに替えても。

◎ 材料（2人分）
豚挽肉：200g
グリーンピース：100g（正味）
レタス：3〜4枚
にんにくのみじん切り
　　：1/2かけ分
米油：大さじ1
A
　味噌：大さじ1
　紹興酒：大さじ1
　醤油：小さじ1
　砂糖：小さじ1/2

◎ 作り方
1 レタスは大きめにちぎり、水に2分さらして水気をふく。A
　は混ぜる。
2 フライパンに米油を中火で熱し、にんにくをさっと炒める。
　香りが立ったら、挽肉をほぐすように2分炒める。グリーン
　ピースを加えて軽く炒め（a）、水大さじ3を加えて蓋をして2
　分加熱する。
3 蓋を外して水分を飛ばし、フライパンの手前をあけてAを加
　え、よく熱したら手早く炒め合わせる。

a

牛肉とセリのサラダ

p.13

温かいままいただく、春らしいサラダです。
ほろ苦さのあるセリの根は、この時季ならではの味。

◎ 材料（2人分）
牛しゃぶしゃぶ用肉：150g
セリ：1束（100g）
玉ねぎ：1/2個
酒：大さじ1
塩：小さじ1/2
A
　オリーブ油：大さじ1
　ナンプラー：大さじ1
　米酢：小さじ1
　レモン汁：小さじ1
　フレンチマスタード
　　：小さじ1

◎ 作り方
1 セリは根元の土をよく洗い落とし、6cm幅に切る。さらに太
　い根元は縦半分に切る。玉ねぎは薄切りにし、水に10分さら
　して水気をきる。Aは混ぜる。
2 鍋に水1ℓ、酒、塩を入れて沸かし、ごく弱火にする。牛肉を
　広げながら1枚ずつ入れ（a）、色が変わったら取り出し（b）、ペー
　パータオルで水気をふく。
3 器にセリと玉ねぎを合わせて盛り、牛肉をのせてAを回しかける。

a

b

豚肉と春キャベツの黒胡椒炒め

春キャベツは火が通りやすいので、軽く炒める程度に。
仕上げに合わせ調味料を鍋肌で温めて一気に炒め合わせます。

p.14

◎ 材料（2人分）

豚切り落とし肉：200g
春キャベツ：200g
長ねぎ：1/2本
しょうがのみじん切り
　　：1かけ分
粗挽き黒胡椒
　　：小さじ1/2
塩：少々
片栗粉：大さじ1
米油：大さじ1
A
　醤油：大さじ1
　紹興酒：大さじ1

◎ 作り方

1 豚肉は塩を揉み込み、片栗粉をまぶす(a)。キャベツは大きめのひと口大に切る。長ねぎは斜め薄切りにする。Aは混ぜる。

2 フライパンに米油を強めの中火で熱し、しょうがをさっと炒める。香りが立ったら豚肉を加えて2分炒め(b)、キャベツと長ねぎを加えてさらに1分半炒める。

3 フライパンの手前をあけてAを加え(c)、よく熱したら黒胡椒を加えて手早く炒め合わせる。よく熱することで水っぽくならず、焦ばしさが加わる。

a

b

c

鶏肉とアスパラガスのオイスター炒め

鶏肉は下処理をしっかりすると、臭みもなく美味しくなります。
グリーンアスパラガスを春キャベツやピーマンに替えても。

p.15

◎ 材料（2人分）

鶏もも肉：1枚（250g）
グリーンアスパラガス
　　：6本
塩：小さじ1/4
片栗粉：大さじ1
米油：大さじ1
A
　オイスターソース
　　：大さじ1
　紹興酒：大さじ1
　醤油：小さじ1
　砂糖：小さじ1
　ごま油：小さじ1

◎ 作り方

1 鶏肉は余分な脂と筋を取り、2cm角に切る。塩を揉み込み、片栗粉をまぶす。

2 グリーンアスパラガスはかたい根元を落とし、下部1/3の皮をむき、3cm幅に切る。Aは混ぜる。

3 フライパンに米油を強めの中火で熱して鶏肉を3分炒め、グリーンアスパラガスを加えてさらに1分半炒める。

4 フライパンの手前をあけてAを加えてよく熱し(a)、炒め合わせる。

a

p.16

鰆と筍のニラ醬ソースがけ

ニラ醬ソースが味の決め手。
熱々の油を一気にかけ、混ぜて作ります。

◎ 材料（2人分）
鰆（切り身）：2切れ
茹で筍：150g
ニラ：1/2束
長ねぎのみじん切り：1/4本分
塩：小さじ1/3
酒：大さじ2
米油：大さじ2
A
　水：大さじ1
　醬油：大さじ1と1/2
　砂糖：小さじ1/4

a

◎ 作り方

1 鰆は半分に切って塩をふり、10分置いて水気をふく。筍は
　ひと口大のくし形切りにする。ニラは5mm幅に切り、長ね
　ぎととともに耐熱ボウルに入れる。Aは混ぜる。

2 鍋に水1ℓと酒を入れて火にかける。沸いたらごく弱火に
　し、筍を温めて取り出す。同じ湯で鰆を4〜5分茹でて取
　り出し（a）（b）、筍とともに水気をきり、器に盛る。

3 1のボウルにAを加え（c）、よく熱した米油をかけて混ぜ
　（d）、2にかける。

b

c

d

海老と卵のねぎ炒め

p.17

フワフワの卵とプリプリ海老の共演。
海老はしっかり汚れを落とし、臭みを取ります。

◎ 材料 (2人分)
海老：150g
卵：4個
わけぎ：2本
米油：大さじ3
片栗粉：大さじ1
塩：少々
A
　酒：小さじ2
　醤油：小さじ1
　塩：小さじ1/3

a

◎ 作り方

1 海老はあれば背ワタを取り、片栗粉で揉んで汚れを落とす
　(a)。水で数回洗って水気をふき、塩を揉み込む。

2 わけぎは斜め3cm幅に切る。卵はAを加えてよく溶く。

3 フライパンに米油大さじ2を強めの中火で熱し、卵を半熟
　に炒めて取り出す (b)(c)。

4 3のフライパンに米油大さじ1を入れて海老を2分炒め (d)、
　わけぎを加えてさっと炒めたら、卵を戻し入れて手早く炒
　め合わせる。

b

c

d

p.18

鰹の刺身中華サラダ

パリパリに揚げたワンタンの皮がアクセント。
中華ドレッシングで茹でた野菜を和えれば、中華風の副菜になります。

◎ 材料 (2人分)

鰹 (刺身用)：150g
大根：100g
にんじん：1/4本 (50g)
きゅうり：1/2本
グリーンリーフ：2〜3枚
ワンタンの皮：10枚
揚げ油：適量
A
　醤油：大さじ1と1/2
　ごま油：大さじ1
　米酢：大さじ1
　砂糖：小さじ1
　オイスターソース：小さじ1

◎ 作り方

1 鰹は5mm幅に切る。大根、にんじん、きゅうりは千切りにし、水にさらして水気をきる。グリーンリーフはひと口大にちぎる。ワンタンの皮は千切りにする (a)。Aは混ぜる。

2 揚げ油を170℃に温める。ワンタンの皮をカリッときつね色になるまで揚げ (b)、油をきる。

3 器にグリーンリーフを敷き、千切りにした野菜と鰹を盛る。Aを回しかけ、揚げたワンタンの皮をのせ、混ぜながら食べる。

a

b

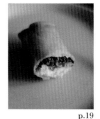

p.19

鯛と菜の花の春巻き

旬の菜の花と鯛を春巻きにします。
2度揚げすることで、香ばしくカリカリに。

◎ 材料 (4本分)

鯛 (刺身)：8切れ
菜の花：8本
春巻きの皮：4枚
揚げ油：適量
薄力粉：大さじ1 (同量の水で溶く)
A
　酒：小さじ1
　塩：小さじ1/3

◎ 作り方

1 鯛はAを揉み込む。菜の花は葉と茎に分ける。茎は半分に切り、太いものは縦半分に切る。

2 春巻きの皮をひし形に置き、手前に菜の花と鯛をのせる (a)。ひと巻きし、左右を折り込み、さらに巻き、小麦粉のりでとめる (b)。

3 揚げ油を160℃に温め、返しながら2分揚げ (c)、薄いきつね色になったら取り出す。バットに立てかけながら1分置いて余熱で火を入れる (d)。バットに立てかけることで油がよくきれる。

4 油の温度を上げ、春巻きを戻し入れて濃いきつね色になるまで揚げて取り出す。好みの大きさに切り、器に盛る。

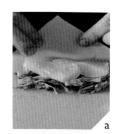

a

b

c

d

スナップエンドウ、香菜、桜海老の塩焼きそば

桜海老の香ばしさとスナップエンドウの甘みを楽しみます。
麺をカリッと焼きつけるのがコツ。

p.20

◎ 材料 (2人分)

蒸し麺：2玉
スナップエンドウ：100g
玉ねぎ：1/2個
香菜：4株
干し桜海老：10g
しょうがのみじん切り
　：1かけ分
サラダ油：大さじ1と1/2
A
　酒：大さじ1
　水：大さじ1
　オイスターソース：小さじ1
　砂糖：小さじ1/2
　塩：小さじ1/2

◎ 作り方

1 麺は袋ごと600Wの電子レンジで1
　分半加熱してほぐす。

2 スナップエンドウは筋を取り、斜め
　半分に切る。玉ねぎは5mm幅に切
　り、香菜はざく切りにする。桜海老
　は粗く刻む。Aは混ぜる。

3 フライパンにサラダ油大さじ1を強
　めの中火で熱し、麺を広げて両面に
　焼き色をつけて取り出す(a)。

4 3のフライパンにサラダ油大さじ
　1/2を入れ、桜海老としょうがをさ
　っと炒める (b)。香りが立ったらス
　ナップエンドウと玉ねぎを加えて1
　分半炒める。

5 麺を戻し入れ、Aを麺にかけてほぐ
　しながら炒め合わせる。器に盛り、
　香菜をのせる。

a

b

あさりの中華粥

アサリの出汁でトロトロに煮込んだ中華粥。
搾菜の塩気と長ねぎの香りが食欲を誘います。

p.21

◎ 材料 (2人分)

あさり：300g
米：1/2合
小ねぎ：5本
味付き搾菜：30g
ごま油：大さじ1/2
塩：小さじ1/4
A
　水：4カップ
　酒：小さじ1

◎ 作り方

1 あさりは砂抜きをし、こすり合わせ
　て洗う。米はさっと洗う。小ねぎは
　小口切りにする。搾菜はみじん切り
　にする。

2 鍋にあさりとAを入れて中火にかけ
　る (a)。あさりの口が開いたら取り
　出し、身を外す(b)。

3 あさりの出汁に米、ごま油、塩を加
　えて混ぜながら沸かしたら、蓋をし
　て弱火にし、30分煮る。

4 とろみがついてきたら、器に盛り、
　あさりの身、小ねぎ、搾菜をのせる。

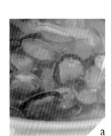
a

b

p.22

春餅

春餅（チュンビン）は中国では春のお祝いに欠かせないひと皿。
ニラやにんじんの千切りなど、好みの春野菜をプラスしても。

◎ 材料（8個分）

豚しょうが焼き用肉：200g
きゅうり：1本
長ねぎ：1/2本
クレソン：2束
サラダ油：適量
打ち粉：適量

A

薄力粉：100g
強力粉：100g
熱湯：3/4カップ

B

甜麺醤：大さじ1
醤油：大さじ1と1/2
紹興酒：小さじ1
砂糖：小さじ1

◎ 作り方

1 春餅を作る。Aの粉類をボウルに入れて軽く混ぜ、熱湯を少しずつ加えて菜箸で混ぜ、手である程度まとめたら取り出す。表面がツルッとするまでこね、丸めてラップで包んで30分休ませる。

2 豚肉は5mm幅に切る。きゅうりは細切りにする。長ねぎは斜め薄切りして水にさらして水気を取る。クレソンはざく切りにする。Bは混ぜる。

3 休ませた生地を半分に切り、それぞれ直径3cmの棒状にのばし（a）、打ち粉をして4等分に切る（b）。丸め直し（c）、濡れ布巾を被せて15分置く。

4 打ち粉をして軽く押さえる（d）。2枚用意し、1枚にサラダ油を薄く塗り（e）、もう1枚を重ねる（f）。軽く押さえ、麺棒で直径18〜20cmにのばす（g）。残りも同様にのばす。

5 フライパンを中火で熱し、4をのせて両面に焼き色がついたら（h）、取り出してはがす（i）。焼き上がったら、食べるまで乾燥しないように布で包んでおくか、食べる直前にラップで包んで電子レンジで温める。

6 サラダ油大さじ1を中火で熱し、豚肉を2分炒めてBを加え、汁気がなくなるまで炒める。

7 器に具材をそれぞれ盛り、春餅に包んで食べる。

a

b

c

d

e

f

g

h

i

夏

ひんやり、ときにガツンと
食欲をそそる中華

暑い夏、食欲がないときに食べたくなる中華。
家で作るなら、夏野菜をたっぷり使って作るのがよい。
身体の疲れも美味しい時間で、今日より元気になれるはずです。

冷たいトマトサンラータン (p.50)

焼きなすのごまソース（p.50）

クラゲとセロリの和え物（p.50）

鯵ときゅうりの和え物 (p.51)

湯引きイカとレタス 魚醤ソース (p.51)

さやいんげんの焼き餃子 (p.52)

焼きとうもろこしの炒飯 (p.53)

手羽中焼き カリカリ香味パン粉がけ（p.54）

42

肉詰めズッキーニ焼き エスニックソース （p.54）

鰯のスパイスアーモンドフライ（p.55）

海老とフレッシュトマトの炒め (p.55)

夏野菜の黒酢炒め（p.56）

豚肉、オクラ、薬味の梅炒め（p.56）

牛肉とゴーヤのバジル炒め（p.57）

鶏肉、ピーマン、ナッツの味噌炒め（p.57）

p.36

冷たいトマトサンラータン

酸っぱ辛い「酸辣湯（サンラータン）」というよりも中華風ガスパチョ。
完熟トマトで優しい味に仕上げれば、身体の熱も取ってくれます。

◎ 材料（2人分）
トマト（完熟）：2個（300g）
きゅうり：1本
オリーブ油：大さじ1
鰹と昆布の合わせ出汁（p.109参照）
　：1カップ
米酢：大さじ2
塩：小さじ1/2
白胡椒：小さじ1/4
辣油：適量

◎ 作り方
1 トマトは湯むきし、ひと口大に切る。きゅうりは皮をむき、7〜8mm角に切る。
2 ミキサーにトマト、オリーブ油、出汁、米酢、塩、白胡椒を入れて攪拌し、滑らかになったら冷蔵庫でよく冷やす。
3 2を器に盛り、きゅうりをのせて、辣油を回しかける。

p.37

焼きなすのごまソース

皮全体を真っ黒に焼いたなす。皮をむけばジューシーな果肉が
現れます。ごまを効かした甘辛ソースで食欲も湧きます。

◎ 材料（2人分）
なす：4本
A
　しょうがのみじん切り：1かけ分
　黒すりごま：大さじ1
　醤油：大さじ1
　黒酢：大さじ1
　砂糖：小さじ1
　ごま油：小さじ1

◎ 作り方
1 なすは下から縦に竹串をヘタ近くまで深く刺して穴をあける。Aは混ぜる。
2 コンロに焼き網をのせてなすを並べる。強火で全体がしっかり焦げて皮がパリッとするまで焼き（a）、熱いうちに皮をむく（b）。
3 なすを器に盛り、Aを回しかける。

a

b

p.37

クラゲとセロリの和え物

クラゲはしっかりと塩抜きして使います。
コリアンダーパウダーを加えて中華風のテイストの和え物に。

◎ 材料（2人分）
クラゲの塩漬け：150g
セロリ：1本
長ねぎのみじん切り：1/6本分
コリアンダーパウダー：少々
A
　米酢：大さじ2
　砂糖：大さじ1
　ごま油：小さじ1
　塩：小さじ1/3

◎ 作り方
1 クラゲは塩を洗い流し、60℃程度の湯でさっと洗う。たっぷりの水に1時間ほどさらして塩抜きし、食べやすい長さに切って水気を絞る。
2 セロリは筋を取り、3cm長さの細切りにする。
3 ボウルにAを入れて混ぜ、クラゲ、長ねぎを加えて揉み込む。
4 セロリを加えて和え、器に盛り、コリアンダーパウダーをふる。

鯵ときゅうりの和え物

p.38

夏が旬の鯵は脂がのっていて、歯応えも抜群。
きゅうりと合わせ、さっぱりとした和え物にします。

◎ 材料（2人分）

鯵（刺身用・3枚おろし）：2尾
きゅうり：2本
貝割れ菜：1パック
青じそ：5枚
A
　おろししょうが：1/2かけ分
　醤油：大さじ1
　米酢：小さじ1

◎ 作り方

1 鯵は腹骨と中骨を取り、斜め1cm幅に切る。

2 きゅうりは縦半分に切り、種を取って斜め1cm幅に切る。貝割れ菜は根元を落とし、半分に切る。青じそは千切りにする。

3 ボウルに鯵とAを入れて揉み込み、きゅうり、貝割れ菜、青じそを加えてさっと和える。

湯引きイカとレタス 魚醤ソース

a

b

c

p.39

イカはさっと茹で、食感よく仕上げます。
ナンプラーの香りでエスニックな香りに。

◎ 材料（2人分）

スルメイカ：1杯
ルッコラ：2束
白髪ねぎ：1/2本分
酒：大さじ2
塩：小さじ1
A
　ナンプラー：大さじ1
　オイスターソース：小さじ1
　中国醤油：小さじ1
　米酢：小さじ1

◎ 作り方

1 イカは内臓と軟骨を取る。縦半分に切り、削ぎ切りにする（a）。ゲソは食べやすい大きさに切る。白髪ねぎは水にさらし、水気をきる。Aは混ぜる。

2 鍋に水1ℓ、酒、塩を入れて沸かし、ルッコラをさっと茹でて取り出す（b）。

3 鍋の火加減を弱火にし、イカを1分茹でて取り出し（c）、ペーパータオルで水気をふく。

4 ルッコラとイカを器に盛り、白髪ねぎをのせてAをかける。

p.40

さやいんげんの焼き餃子

仕上げの油で素揚げ焼きすることで、カリッとした食感に。
餃子の具は自由に！ 旬の野菜で作るとバリエーションが広がります。

◎ 材料（大判20個分）

	A
豚挽肉：250g	しょうがのみじん切り：2かけ分
さやいんげん：100g	醤油：大さじ1と1/2
セロリ：1本	紹興酒：大さじ1
餃子の皮（大判）：20枚	砂糖：小さじ1
米油：大さじ2と1/2	ごま油：小さじ1
米酢：適量	塩：小さじ1/4
粗挽き黒胡椒：適量	

◎ 作り方

1 さやいんげんはヘタを落とし、2〜3mm幅に切る。セロリは
粗みじん切りにする。

2 ボウルに挽肉とAを入れて粘り気が出るまで混ぜ、さやい
んげんとセロリを加えてさらに混ぜる。

3 皮にあんを塗るようにのせ(a)、半分に折る。ひだを寄せや
すいように手前を短めに折り(b)、あんを包む。

4 フライパンに米油大さじ1/2を引く。餃子を並べて中火に
かけ、2分焼く。

5 熱湯を餃子の高さ半分程度まで注ぎ、蓋をして水気がなく
なるまで4〜5分蒸す。

6 米油大さじ2を回し入れ(c)、底がカリッと焼けたら余分な
油をペーパータオルで取る(d)。器に盛り、米酢と黒胡椒
で食べる。

a

b

c

d

焼きとうもろこしの炒飯

|||||||||||||||||||||||||||||||||||

甘く香ばしいとうもろこしで、夏らしい味わいを楽しみます。
ジャスミンライスを使うことで、パラパラで軽い仕上がりに。

p.41

◎ 材料（2人分）

温かいジャスミンライス：300g
卵：2個
塩茹でとうもろこし：1本
長ねぎのみじん切り：1/4本分
塩：少々
米油：大さじ2

A
醬油：大さじ1
ナンプラー：小さじ1
酒：小さじ1
ごま油：小さじ1

◎ 作り方

1 卵はよく溶く。とうもろこしは実を削いでほぐす（a）。Aは
　混ぜる。

2 フライパンに米油大さじ1を中火で熱し、とうもろこしを
　炒める。焼き目がしっかりついたら（b）、取り出す。

3 2のフライパンに米油大さじ1を強めの中火で熱し、溶いた
　卵を入れてひと混ぜする。ご飯を加え（c）、ほぐすように3
　分炒め、塩を加える。

4 とうもろこしを戻し入れて混ぜ、Aを鍋肌に回し入れたら
　（d）、長ねぎを加えて炒め合わせる。

a

b

c

d

p.42

手羽中焼き カリカリ香味パン粉がけ

香味パン粉をたっぷりとまぶしながら食べてほしいひと皿。
山椒や花椒を加えると、より香り高くなります。

◎ 材料（2人分）

手羽中：10本
カシューナッツ：20g
塩：小さじ1/3
米油：大さじ1

A
┌ おろしにんにく
│　　：1/2かけ分
│ 豆豉のみじん切り
│　　：大さじ1
└ ごま油：小さじ1

B
┌ パン粉：40g
│ ココナッツファイン
│　　：大さじ2
│ 七味：小さじ1
│ 砂糖：小さじ1
└ 塩：小さじ1/3

◎ 作り方

1 香味パン粉を作る。カシューナッツは粗く刻む。フライパンにAを入れて中火でさっと炒め、カシューナッツとBを加えて弱火にし、混ぜながらカリカリになって濃いきつね色になるまで炒めたら（a）、取り出す。

2 手羽中は皮目を下にして骨に沿って切り込みを入れ（b）、塩を揉み込む。

3 フライパンに米油を中火で熱し、鶏肉を皮目から焼き色をつけるように4〜5分焼く（c）。

4 器に手羽中を盛り、香味パン粉をかける。

a

b

c

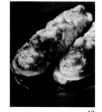
p.43

肉詰めズッキーニ焼き エスニックソース

クセのないズッキーニは、暑い夏でもたっぷり食べられます。
スイートチリソースで酢豚のような味わいに。

◎ 材料（2人分）

ズッキーニ：1本
豚挽肉：100g
玉ねぎのみじん切り
　　：1/4個分
ディル（またはフェンネル）
のみじん切り：2枝分

A
┌ 片栗粉：大さじ1
│ 酒：大さじ1
└ 塩：小さじ1/4

B
┌ スイートチリソース
│　　：大さじ2
│ ナンプラー：大さじ1
└ ライム汁：大さじ1

◎ 作り方

1 ズッキーニは縦半分に切り、耐熱皿にのせてラップを被せ、600Wの電子レンジで2分加熱する。真ん中をくり抜き（a）、くり抜いた実は粗く刻む。Bは混ぜる。

2 ボウルに挽肉とAを入れて粘り気が出るまで混ぜる。くり抜いた実、玉ねぎ、ディルを加え（b）、さらに混ぜる。

3 ズッキーニに2を詰め（c）、220℃に温めたオーブンで15分焼く。器に盛り、Bを回しかける。

a

b

c

鰯のスパイスアーモンドフライ

五香粉を直接まぶすことで鰯に香りがしっかりつきます。
揚げるときは最初は触らず、衣がかたまってから返します。

p.44

◎ 材料（2人分）
鰯（3枚おろし）：2尾分
アーモンドスライス
　：100g
五香粉：小さじ1/2
塩：小さじ1/2
レモン：適量
薄力粉：適量
揚げ油：適量
A
　卵：1個
　薄力粉：大さじ3
　水：大さじ1
B
　マヨネーズ：大さじ2
　オイスターソース
　　：小さじ1
　練り辛子：小さじ1

◎ 作り方
1　鰯は塩をふり、10分置いて水気を取る。五香粉をふり（a）、薄力粉を
　まぶす。AとBはそれぞれ混ぜる。

2　鰯をAにくぐらせ、アーモンドスライスを軽く押さえながらしっかり
　つける（b）。

3　揚げ油を180℃に温め、2を表面がカリッとするまで3～4分揚げる
　（c）。最初は触らず、衣がかたまってきたら返すように揚げる。

4　器に盛り、レモンとBを添える。

a　　　　b　　　　c

海老とフレッシュトマトの炒め

フルーツトマトのように味の濃い、旬のトマトを使います。
海老は食感のよいブラックタイガー、旨みのある赤海老などがおすすめ。

p.45

◎ 材料（2人分）
海老：150g
フルーツトマト：3個
長ねぎのみじん切り
　：1/4本分
にんにくのみじん切り
　：1かけ分
米油：大さじ1と1/2
片栗粉：大さじ1
塩：少々
A
　紹興酒：大さじ1
　ごま油：小さじ1
　豆板醤：小さじ1/2
　塩：小さじ1/3

◎ 作り方
1　海老はあれば背ワタを取り、片栗粉で揉んで汚れを取る。水で数回洗
　って水気をふき、塩を揉み込む。

2　トマトは湯むきし（a）、4等分のくし形切りにする。Aは混ぜる。

3　フライパンに米油大さじ1を中火で熱し、海老を2分炒めて取り出す
　（b）。米油大さじ1/2を入れてにんにくをさっと炒め、香りが立ったら
　トマトを加えて1分炒める。

4　海老を戻し入れ、フライパンの手前をあけてAを加えてよく熱したら、
　長ねぎを加え（c）、手早く炒め合わせる。

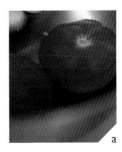
a　　　　b　　　　c

p.46

夏野菜の黒酢炒め

鮮やかな夏野菜をたっぷり入れた黒酢炒め。
豚肉は切り目を入れることで、やわらかく火が通ります。

◎材料(2人分)

豚ロースとんカツ用肉
：2枚
なす：1本
パプリカ：1/2個
ししとうがらし：6本
塩：小さじ1/4
片栗粉：大さじ1
米油：大さじ2
A
　おろしにんにく
　　：1/2かけ分
　黒酢：大さじ3
　醤油：大さじ1
　紹興酒：大さじ1
　水：大さじ1
　砂糖：大さじ1
　片栗粉：大さじ1/2
　中国醤油：小さじ1

◎作り方

1 豚肉は両面に格子状の切り込みを入れ(a)、ひと口大に切る。塩を揉み込み、片栗粉をまぶす。

2 なすはヘタを落とし、ひと口大の乱切りにする。パプリカも同じ大きさに切る。ししとうがらしはヘタを落とし、切り込みを入れる。Aは混ぜる。

3 フライパンに米油大さじ1を中火で熱し、豚肉を3〜4分焼き(b)、取り出す。

4 米油大さじ1を入れてなすとパプリカを2分炒め、ししとうがらしを加えてさらに1分炒める(c)。

5 豚肉を戻し入れ、フライパンの手前をあけてAを加え、混ぜながらよく熱し、とろみがついてひと煮立ちしたら手早く炒め合わせる。

a

b

c

p.47

豚肉、オクラ、薬味の梅炒め

ミョウガの香りと梅干しの酸味でさっぱりと夏らしい炒め物に。
豚肉に火が通れば大丈夫、さっと炒め合わせたらでき上がりです。

◎材料(2人分)

豚バラ薄切り肉：200g
オクラ：8本
ミョウガ：3個
長ねぎ：1/4本
塩：少々
米油：小さじ1
A
　梅肉：1個分
　酒：大さじ1
　醤油：小さじ1
　砂糖：小さじ1

◎作り方

1 豚肉は塩を揉み込み、5cm幅に切る。オクラはガクの周りをむき(a)、斜め半分に切る。ミョウガは縦4等分に切る。長ねぎは縦半分に切り、斜め薄切りにする。Aは梅肉を叩いてから混ぜる。

2 フライパンに米油を強めの中火で熱し、豚肉を2分炒め(b)、オクラを加えてさらに1分半炒める(c)。

3 ミョウガ、長ねぎを加えて混ぜたら、フライパンの手前をあけてAを加え、よく熱してから手早く炒め合わせる。

a

b

c

p.48

牛肉とゴーヤのバジル炒め

バジルの香りが立ち昇る、夏らしい炒め物です。
ゴーヤの苦みが、夏の疲れを取ってくれます。

◎ 材料（2人分）

牛切り落とし肉：200g
ゴーヤ：1本
バジル：30g
しょうがの千切り
　：2かけ分
米油：大さじ1
塩：適量
A
| 醤油
| 　：大さじ1と1/2
| 砂糖：大さじ1
| 米酢：大さじ1
| ごま油：大さじ1

◎ 作り方

1 牛肉は塩小さじ1/4を揉みこむ。ゴーヤは縦半分に切ってワタを取り、5mm幅に切る。塩少々を揉み込み、10分置いて水気をふく。

2 フライパンに米油を強めの中火で熱し、牛肉を2分炒め、ゴーヤを加えてさらに1分炒める。

3 フライパンの手前をあけてAを加えてよく熱したら、バジルとしょうがを加え（a）、手早く炒め合わせる。

a

鶏肉、ピーマン、ナッツの味噌炒め

皮付きのピーナッツが渋みと苦みのアクセントに。
肉厚の鶏むね肉は削ぎ切りにすることで火が通りやすくなります。

p.49

◎ 材料（2人分）

鶏むね肉：1枚（250g）
ピーマン：5個
ピーナッツ（皮付き）
　：30g
塩：小さじ1/4
片栗粉：大さじ1
米油：大さじ1
A
| 味噌：大さじ1
| 紹興酒：大さじ1
| オイスターソース
| 　：小さじ2
| 砂糖：小さじ1/2
| カレー粉：少々

◎ 作り方

1 鶏肉は皮を取り、横半分に切る。5mm厚さの削ぎ切りにし（a）、塩を揉み込んで片栗粉をまぶす。ピーマンは縦半分に切り、ヘタと種を取り、斜め1cm幅に切る。Aは混ぜる。

2 フライパンに米油を強めの中火で熱し、鶏肉を2分炒め（b）、ピーマンを加えてさらに1分炒める。

3 皮付きのままピーナッツを加えて混ぜ（c）、フライパンの手前をあけ、Aを加えてよく熱したら、手早く炒め合わせる。

a

b

c

秋

こっくりとしながら温まる中華

秋といえば、芋に根菜、そしてきのこ。
秋ならではの食材を存分に使い、肌寒くなる季節に元気になる中華。
少しこっくりとした味付け、熱々を楽しむあんかけなどで身体の中からホカホカに。

きのこの黒酢マリネ (p.74)

かぼちゃと松の実のサラダ (p.74)

里芋のクミンごま和え（p.75）

椎茸揚げ肉団子（p.76）

えのきと豚肉の春巻き（p.77）

揚げ秋刀魚 レモン香味だれ (p.77)

鶏肉とじゃがいもの搾菜炒め（p.78）

さつまいもの牛肉巻き（p.78）

手羽元と根菜のスパイス煮（p.79）

中華風鯖味噌 (p.79)

鮭と青梗菜のとろみ煮 (p.80)

長芋と卵のスープ（p.80）

小松菜のあんかけ炒飯 (p.81)

海老と豚肉の雲呑　（p.81）

73

p.60

きのこの黒酢マリネ

きのこは最初に塩をふり、じっくりと水分を飛ばすように炒め、
香りを引き出します。甘酸っぱいたれがきのこに染み込んで美味。

◎材料（2人分）

椎茸：5枚
舞茸：1パック
エリンギ：2本
しめじ：1パック
米油：大さじ1/2
塩：小さじ1/3
A
　黒酢：大さじ2
　醤油
　　：大さじ1と1/2
　砂糖：小さじ1

◎作り方

1 椎茸は4つ切り(a)、舞茸は大きめにさく。エリンギは縦半分に切り、ひと口大の乱切りにする。しめじは石づきを落としてほぐす。Aは混ぜる。

2 フライパンに米油を強めの中火で熱し、きのこ類を入れて塩をふる(b)。さっと混ぜ、あまり触らずにときどき上下を返し、水分を飛ばしながら焼き色がつくまで2〜3分焼く。

3 きのこの香りが立ってきたらフライパンの手前をあけ、Aを加えてよく熱し(c)、手早く炒め合わせる。

a

b

c

p.60

かぼちゃと松の実のサラダ

ほっくりとしたかぼちゃと松の実の食感を楽しんで。
松の実は香ばしく炒るのがコツです。

◎材料（2人分）

かぼちゃ：1/4個
松の実：20g
水：大さじ3
酒：大さじ1
米油：小さじ1
ごま油：小さじ1
黒ごま：小さじ1
塩：小さじ1/4

◎作り方

1 かぼちゃは種とワタを取り、所々皮をむき、ひと口大に切る。松の実は炒って軽く焼き色をつけ、粗く刻む。

2 フライパンに米油を中火で熱し、かぼちゃを1分炒める。焼き色がついたら(a)、水と酒を加えて蓋をして弱火で8分蒸す。

3 水気がなくなり、かはちゃがやわらかくなったら、松の実、黒ごま、ごま油、塩を加えてさっと混ぜる(b)。

a

b

p.61

里芋のクミンごま和え

ねっとりとした里芋にごまの風味をまとわせて。
好みで唐辛子を加え、辛みをプラスしてもよいでしょう。

◎ 材料（2人分）

里芋：5〜6個（400g）
クミンシード：小さじ1/2
A
   白すりごま：大さじ3
   醤油：大さじ1
   米酢：大さじ1/2
   砂糖：大さじ1/2
   ごま油：小さじ1

◎ 作り方

1 里芋はよく洗う。鍋に里芋とたっぷりの水を入れ、中火に
かける。沸いたら弱火にして竹串がスッと刺さる程度まで
茹でる（a）。クミンシードは炒り、Aと混ぜる。

2 里芋は半分に切って皮をむき（b）、Aに加えて和える。

a

b

秋

p.62

椎茸揚げ肉団子

2度揚げすることで、外はカリッと中はジューシーな揚げ上がり。
味がしっかりついていますが、好みで練り辛子をつけても。

a

◎ 材料（大判20個分）

豚挽肉：300g
椎茸：5枚
玉ねぎ：1/4個
塩：小さじ1/2
揚げ油：適量

A
　卵：1個
　片栗粉：大さじ2
　醤油：小さじ2
　紹興酒：小さじ2
　甜麺醤：小さじ1
　砂糖：小さじ1

b

◎ 作り方

1 椎茸と玉ねぎはみじん切りにする。

2 ボウルに挽肉と塩を入れて粘り気が出るまで混ぜる。Aを
　加えてふわっとなるまでさらに混ぜる。最後に椎茸と玉ね
　ぎを加えて潰さないように全体を混ぜる（a）。

3 揚げ油を160℃に温める。片手に油（分量外）を塗り、タネ
　を握るように丸く絞り出してスプーンですくい（b）、温め
　た油に入れる。周りがかたまるまで1分は触らずに揚げる。

4 転がしながらさらに2分揚げ、薄いきつね色になったら取
　り出し（c）、2分置いて余熱で火を入れる。

5 油の温度を上げて肉団子を戻し入れ、濃いきつね色になる
　まで揚げて取り出す。

c

p.64

えのきと豚肉の春巻き

春巻きは何を包んでも美味しくなります。
旬の野菜と肉や魚。肉や魚は下味をつけることがコツ。

◎ 材料（2人分）

豚こま切れ肉：100g
えのきたけ：80g
小ねぎ：1/4束
すだち：適量
春巻きの皮：4枚
片栗粉：小さじ1
薄力粉：大さじ1
（同量の水で溶く）
揚げ油：適量
A
　醤油：小さじ2
　オイスターソース
　　：小さじ1
　酒：小さじ1
　ごま油：小さじ1

◎ 作り方

1 豚肉は1cm幅に切り、えのきたけは根元を落とし、半分に切ってざっくりとほぐす。小ねぎは5cm幅に切る。

2 豚肉をボウルに入れ、片栗粉をまぶし、Aを加えて揉み込む。

3 春巻きの皮をひし形に置き、手前にえのきたけ、小ねぎ、豚肉をのせる（a）。ひと巻きし、左右を折り込み、さらに巻き（b）、小麦粉のりでとめる。巻き目に小指が入る程度の隙間を作ると（c）、中までカリッと揚がる。

4 揚げ油を160℃に温め、返しながら2分揚げて薄いきつね色になったら取り出す。バットに立てかけながら1分置いて余熱で熱を入れる。

5 油の温度を上げ、春巻きを戻し入れ、濃いきつね色になるまで揚げて取り出す。好みの大きさに切り、器に盛ってすだちを添える。

 a
 b
 c

 ※
p.65

揚げ秋刀魚 レモン香味だれ

焼いた秋刀魚もよいけれど、揚げても絶品。
レモンの香味だれでさっぱりといただけるひと皿です。

◎ 材料（2人分）

秋刀魚：2尾
なす：1本
レモン：1/4個
大根おろし：適量
片栗粉：大さじ3
揚げ油：適量
A
　長ねぎのみじん切り
　　：10cm
　しょうがのみじん切り
　　：1かけ分
　醤油：大さじ1と1/2
　米酢：大さじ1
　砂糖：大さじ1/2

◎ 作り方

1 秋刀魚は頭と尻尾を落として内臓を取る。よく洗って水気をふき、3等分に切る。なすはヘタを落とし、縦半分に切り、皮目に斜めの切り込みを細かく入れて半分の長さに切る。レモンは薄切りにし、Aと混ぜる。

2 秋刀魚となすに片栗粉をまぶす。（a）（b）。

3 揚げ油を170℃に温め、なすを3分揚げて取り出し、秋刀魚も同様に揚げる。

4 器に盛り、レモン香味だれをかけて大根おろしを添える。

 a
 b

p.66

鶏肉とじゃがいもの搾菜炒め

搾菜の塩気が食欲を誘います。
じゃがいもは火を通し過ぎず、シャキッとした食感を残すのがコツ。

◎ 材料 (2人分)
鶏むね肉：1枚 (200g)
じゃがいも：2個
味付け搾菜：30g
塩：小さじ1/4
片栗粉：大さじ1
米油：大さじ1
A
　醤油：大さじ1
　紹興酒：大さじ1
　黒酢：小さじ1

◎ 作り方
1 鶏肉は皮を取り、5mm厚さの薄切りにしてから5mm幅の細切りにする。塩を揉み込み、片栗粉をまぶす。
2 じゃがいもは5mm角の棒状に切り、軽く洗ってペーパータオルで水気をふく。搾菜はみじん切りにし、Aと混ぜる。
3 フライパンに米油を強めの中火で熱し、鶏肉を2分炒め、じゃがいもを加えてさらに1分半炒める。
4 フライパンの手前をあけてAを加え、よく熱したら手早く炒め合わせる。

p.67

さつまいもの牛肉巻き

さつまいもと牛肉の甘みで箸が止まらない美味しさ。
甘辛だれで、ドラゴンハイボールもすすむひと皿です。

◎ 材料 (6本分)
牛すき焼き用肉：6枚
さつまいも：1本 (250g)
塩：少々
薄力粉：大さじ2
サラダ油：大さじ1

A
　醤油：大さじ1と1/2
　みりん：大さじ1
　酒：大さじ1
　水：大さじ1
　砂糖：小さじ1

a

◎ 作り方
1 さつまいもは両端を落とし、皮付きのまま縦6等分に切ってさっと洗う。耐熱皿に並べてラップを被せ、600Wの電子レンジで3分加熱する。粗熱を取り、水気をふく。Aは混ぜる。
2 牛肉を並べ、塩をふる。牛肉の手前にさつまいも1本を置いて巻く (a)。残りも同様に巻き、薄力粉をまぶす (a)。
3 フライパンにサラダ油を中火で熱し、閉じ目を下にして並べ、全体に焼き色をつけながら焼く。
4 Aを加えてよく絡め (b)、汁気がほぼなくなったら器に盛る。

b

p.68

手羽元と根菜のスパイス煮

八角が香る中華の煮物は根菜をたっぷり加えて。
汁気がなくなるまで煮詰め、こっくり照りよく仕上げます。

秋

◎ 材料（2人分）

鶏手羽元：6本
れんこん：150g
にんじん：1/2本（100g）
ごぼう：1/2本
にんにく：1かけ
しょうがの薄切り：2枚
サラダ油：大さじ1
A
　水：2カップ
　八角：2個
　醤油：大さじ2
　紹興酒：大さじ1
　砂糖：大さじ1
　中国醤油：小さじ1
　ごま油：小さじ1

◎ 作り方

1 鶏肉は骨に沿って切り込みを1本入れる（a）。れんこんとにんじんはひと口大の乱切りにする。ごぼうはよく洗い、細めの乱切りにする。にんにくは4等分に切る。Aは混ぜる。

2 フライパンにサラダ油を中火で熱し、鶏肉を炒める。焼き色がついたら（b）、残りの材料を加えてさっと炒める。

3 Aを加え（c）、沸いたらアクを取り、紙蓋をして弱めの中火で20分煮る。紙蓋を取り強火にし、とろみがついて、汁気が少なくなるまで煮ながら煮汁を絡める。

a

b

c

中華風鯖味噌

いつもの鯖味噌よりもあっさりとした中華風鯖味噌。
煮込み過ぎないので、鯖の風味がしっかり楽しめます。

p.69

◎ 材料（2人分）

真鯖（半身分・骨付き）：2切れ
長ねぎ：1本
しょうがの薄切り：2枚
味噌：大さじ1と1/2
豆板醤：小さじ1/2
ごま油：小さじ2
A
　鰹と昆布の合わせ出汁
　　（p.109参照）：1カップ
　紹興酒：大さじ1
　砂糖：大さじ1
　醤油：小さじ2
　オイスターソース：小さじ1
　甜麺醤：小さじ1

◎ 作り方

1 鯖は湯にさっとくぐらせ（a）、氷水に取り血合などを取る。水気をふき、皮目に十字の切り込みを入れる（b）。長ねぎは5cm幅に切る。

2 フライパンにごま油を中火で熱し、しょうがと豆板醤をさっと炒める。香りが立ったらAを加えて沸かし、鯖を加えて紙蓋をし、途中アクを取りながら3〜4分煮る。

3 味噌を加えて溶き、長ねぎを加えてさらに2分煮て、器に盛る。煮汁を軽く煮詰め、鯖に回しかける。

b

p.70

鮭と青梗菜のとろみ煮

しっとりと火が通った鮭とシャキシャキの青梗菜を
あんで優しく包み込みます。身体も温まるひと皿です。

◎材料（2人分）
鮭（切り身）：2切れ
青梗菜：1株
塩：小さじ1/4
米油：大さじ1と1/2
A
　鶏スープ（p.109参照）
　　：3/4カップ
　醤油：大さじ1
　みりん：大さじ1
　片栗粉：小さじ2
　塩：小さじ1/4

◎作り方
1 鮭はひと口大に切って塩をふり、10分置いて水気をふく。青梗菜は1枚ずつはがしてひと口大に切り、葉と茎に分ける。Aは混ぜる。

2 フライパンに米油大さじ1を中火で熱する。鮭を並べて2分焼き、返してさらに1分焼き（a）、取り出す。

3 フライパンをさっとふいて米油大さじ1/2を中火で熱し、青梗菜の茎を入れて1分炒める。

4 Aを加え（b）、混ぜながらとろみをつけたら鮭を戻し入れ、青梗菜の葉を加え（c）、ひと煮立ちしたら器に盛る。

a

b

c

p.71

長芋と卵のスープ

ねっとりとろりと仕上げる長芋のスープです。
溶き卵を加えたら、火が通るまで触らず置くのがコツ。

◎材料（2人分）
長芋：150g
卵：1個
長ねぎのみじん切り：1/6本分
ごま油：小さじ2
A
　鶏スープ（p.109参照）：2カップ
　酒：大さじ1
　塩：小さじ1/3

◎作り方
1 長芋は皮をむき、すりおろす。卵はよく溶く。

2 鍋にAと長芋を入れ（a）、中火にかける。沸いたら卵を回し入れ（b）、卵に火が通るまで触らずに置く。火が通ったら、長ねぎを加えてひと混ぜする。

3 器に盛り、ごま油を回しかける。

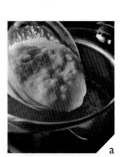

a

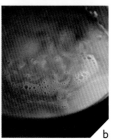

b

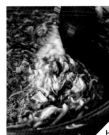

小松菜のあんかけ炒飯

しらすの旨みと塩気があんを美味しく仕上げます。
シンプルな卵炒飯も秋らしい味わいに。

p.72

◎ 材料（2人分）

温かいご飯：300g
卵：2個
小松菜：100g
釜揚げしらす：30g
塩：少々
米油：大さじ1と1/2
A
　片栗粉：大さじ1
　鶏スープ（p.109参照）
　　：1と1/2カップ
　オイスターソース：大さじ1
　紹興酒：小さじ1
　ごま油：小さじ1
　塩：小さじ1/4

◎ 作り方

1 卵はよく溶く。小松菜は茎を小口切りし、葉は粗く刻む。Aは混ぜる。

2 フライパンに米油を強めの中火で熱し、卵を入れてひと混ぜしたら（a）、ご飯を加えてほぐしながら3分炒めて塩で味を調え、器に盛る。

3 2のフライパンをさっとふき、Aを入れて混ぜながらとろみをつけ、小松菜としらすを加えてひと混ぜしたら炒飯にかける。

海老と豚肉の雲呑

海老と挽肉の旨みが詰まった、ツルンとした口当り。
そのままはもちろん、スープの具にするのもおすすめです。

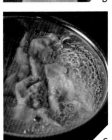

p.73

◎ 材料（30個分）

海老：150g
豚挽肉：100g
長ねぎのみじん切り：1/6本分
しょうがのみじん切り：1かけ分
ワンタンの皮：30枚
片栗粉：大さじ1
米酢：適量
辣油：適量
A
　片栗粉：大さじ1
　醤油：小さじ2
　オイスターソース：小さじ2
　紹興酒：小さじ2
　砂糖：小さじ1
　白胡椒：少々

◎ 作り方

1 海老はあれば背ワタを取り、片栗粉で揉んで汚れを落とす。水で数回洗って水気をふき、包丁で粗めに叩く。

2 ボウルに海老、挽肉、長ねぎ、しょうが、Aを入れ（a）、粘り気が出るまで混ぜる。

3 ワンタンの皮に2をのせて包み（b）、たっぷりの湯で3〜4分茹でる（c）。雲呑を入れる前に菜箸で湯をかき混ぜると、下に沈みづらい。

4 器に盛り、米酢と辣油で食べる。

冬

台所に立ち昇る蒸気、
こってり濃厚なあんかけ中華

人が集まることが多くなるこの時季。
少し手間をかけて料理するのも楽しくなります。
中華ならでの炒め物もよいけれど、蒸したり、焼いたりする中華も美味しい。

焼きかぶ 焦がし醤油ソース（p.98）

千切り大根餅（p.98）

中華茶碗蒸し（p.99）

鱈とほうれん草のナンプラーバター蒸し (p.100)

海老豆腐蒸し しょうがあんかけ (p.100)

牡蠣の台湾風卵焼き（p.101）

四川麻婆豆腐 (p.102)

蟹肉焼売　(p.103)

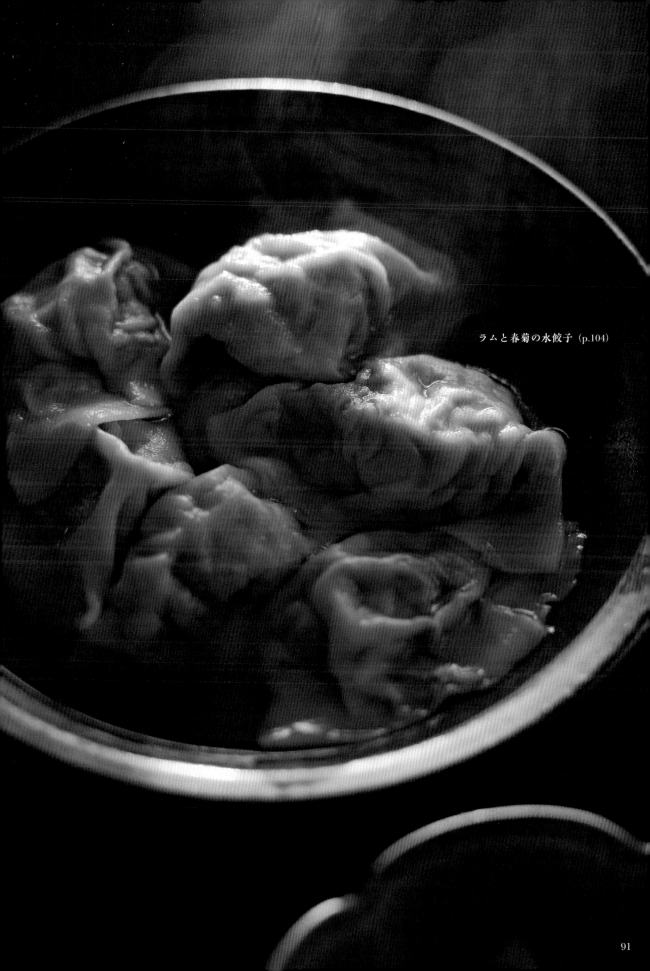

ラムと春菊の水餃子（p.104）

茹で鶏 怪味ソース (p.106)

鶏肉と大根のオイスター煮込み（p.106）

豚スペアリブの豆豉蒸し（p.107）

牛肉の辛煮込み　(p.107)

ピェンロー鍋 (p.108)

中華おこわ（p.108）

p.84

焼きかぶ 焦がし醤油ソース

冬の甘いかぶをこんがりと焼き、
熱々のたれをジュワッとかけて仕上げます。

◎材料(2人分)

かぶ：3個
米油：大さじ1
A
┃ にんにくのみじん切り
┃ 　：1/2かけ分
┃ 鶏スープ (p.109参照)
┃ 　：1/4カップ
┃ 醤油：大さじ1と1/2
┃ 紹興酒：大さじ1
┃ オイスターソース
┃ 　：小さじ1

◎作り方

1 かぶは茎を1cmほど残して落とし、皮をむいて4等分の厚めの輪切りにする。Aは混ぜる。

2 フライパンに米油を中火で熱し、かぶを並べて返しながら焼き色がつくまで3分焼き(a)、器に盛る。

3 フライパンをふき、Aを入れて強火にかけて回しながら30秒沸かし(b)、2にかける(c)。

a

b

c

p.84

千切り大根餅

簡単に作れる大根餅。コツはとにかく極細に大根を切ること。
さっと粉類をまぶし、こんがりと焼けば、おやつにもぴったりです。

◎材料(2人分)

大根：300g
小ねぎ：1/4束
ベーコン：2枚
干し桜海老：5g
塩：小さじ1/3
薄力粉：大さじ3
片栗粉：大さじ3
米油：大さじ1
米酢：適宜
豆板醤：適宜

◎作り方

1 大根はスライサーまたは包丁で極細く千切りにする(a)。小ねぎは小口切りにし、ベーコンと桜海老はみじん切りにする。粉類は混ぜる。

2 ボウルに大根、小ねぎ、ベーコン、桜海老、塩を入れて混ぜ、粉類を加えてさっくりと混ぜる(b)。

3 フライパンに米油を中火で熱し、2を丸く広げて4〜5分焼き、返してさらに2分焼き(c)、両面をカリッとなるまで焼く。

4 食べやすい大きさに切って器に盛り、好みで米酢と豆板醤を添える。

a

b
c

中華茶碗蒸し

やわらかい茶碗蒸しの中から出てくる帆立と春雨がアクセント。
蒸し加減の目安は竹串で刺してみて。焦らずゆっくりと蒸しましょう。

◎ **材料**（2人分）
卵：2個
帆立貝柱水煮：1缶（70g）
春雨：20g
小ねぎ：1/4束
鶏スープ（p.109参照）：1と1/2カップ
塩：少々
A
| 醤油：小さじ1
| ナンプラー：小さじ1
| ごま油：小さじ1

◎ **作り方**

1 春雨は表示通りに戻して粗く刻む。小ねぎは小口切りにする。Aは混ぜる。

2 ボウルに卵、スープ、塩を入れて混ぜてザルで濾し（a）、缶汁ごと帆立貝柱、春雨、小ねぎを加えて混ぜ、器に流し入れる（b）。

3 蒸籠に入れてアルミホイルを被せ（c）、弱めの中火で15分蒸す。竹串を真ん中に刺し、水分が出てこなければ火が通っている。蒸籠から取り出し、Aを回しかける。

p.85

p.86

鱈とほうれん草のナンプラーバター蒸し

中華ではなじみの薄いバターはナンプラーと意外なほど好相性。
魚の旨みが染み込んだ、ほうれん草も美味。

◎ 材料 (2人分)

鱈 (切り身)：2切れ
ほうれん草：200g
塩：小さじ1/3
バター：10g
紹興酒：大さじ2
水：大さじ2

A
ナンプラー：小さじ2
砂糖：小さじ1/4

a

◎ 作り方

1 鱈は塩をふって10分置き、水気をふく。ほうれん草は根元
  を落として10cm幅に切り、洗って水気をきる。Aは混ぜる。

2 フライパンにほうれん草と鱈を重ね、紹興酒と水を加え
  (a)、蓋をして弱めの中火で4〜5分蒸し焼きにする。

3 火を止め、バターとAを加えて蓋をしてさらに1分置いて
  器に盛る。

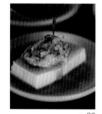
p.86

海老豆腐蒸し しょうがあんかけ

海老の旨みが染み込む豆腐に、甘辛しょうがあんをかけます。
豆腐は切らず、1丁で作っても美味しい。

◎ 材料 (2人分)

絹ごし豆腐：1丁 (300g)
海老：150g
香菜：2株
A
紹興酒：小さじ2
塩：小さじ1/4

B
片栗粉：小さじ2
おろししょうが：1/2かけ分
鰹と昆布の合わせ出汁 (p.109参照)
　　　　　：1カップ
醤油：大さじ1
みりん：大さじ1
塩：小さじ1/4

a

◎ 作り方

1 豆腐は4等分切り、スプーンで真ん中を大さじ1ほどくり
  抜く (a)。海老は片栗粉大さじ1 (分量外) で汚れを揉み洗い
  し、水で数回よく洗って水気をふく。香菜は5mm幅に切る。

2 海老を包丁で粗めに叩き、ボウルに入れてくり抜いた豆腐、
  香菜、Aを加えて混ぜる。

3 蒸籠に入る大きさのバットに豆腐を並べる。豆腐の凹みに
  2をこんもりとのせ (b)、蒸籠に入れる。中火で7〜8分蒸
  したら器に盛る。

4 フライパンにBを入れて火にかけ、混ぜながらとろみをつ
  けてひと煮立ちしたら3にかける。

b

牡蠣の台湾風卵焼き

台湾の牡蠣オムレツ。卵に旨みたっぷりの牡蠣を閉じ込め、
熱々の甘辛あんをかける、ご飯にもお酒にも合うおかずです。

p.87

◎ 材料（2人分）

牡蠣（加熱用）：150g
卵：1個
長ねぎ：1/2本
米油：大さじ1と1/2

A
　水：大さじ1/2
　薄力粉：大さじ1
　片栗粉：大さじ1

B
　トマトケチャップ：大さじ2
　水：大さじ2
　醤油：小さじ1
　米酢：小さじ1
　砂糖：小さじ1
　片栗粉：小さじ1

a

b

◎ 作り方

1 牡蠣は塩水で洗い、水気をふく。卵はよく溶く。長ねぎは
　斜め薄切りにする。AとBはそれぞれ混ぜる。

2 フライパンに米油大さじ1/2を中火で熱し、牡蠣を並べる。
　両面を3分焼き（a）、取り出す。

3 Aに牡蠣と長ねぎを加えて混ぜる。

4 フライパンをふき、米油大さじ1を中火で熱し、3を入れて
　手早く混ぜ、形を整えたらすぐに卵を回し入れ（b）、少し
　かたまってきたら返してさらに焼き、器に盛る。

5 4のフライパンにBを入れ、混ぜながらとろみをつけてひ
　と煮立ちしたら4にかける。

p.88

四川麻婆豆腐

挽肉はカリッと炒めるのがコツ。
長ねぎとニラは仕上げに加え、食感と香りを最大限に残します。

◎ 材料 (2人分)

絹ごし豆腐：300g
合挽肉：100g
長ねぎのみじん切り
　：1/6本分
ニラ：2本
サラダ油：大さじ1
片栗粉：大さじ1
　（同量の水と混ぜる）
辣油：大さじ1
花椒粉：適量

A
豆豉のみじん切り：大さじ1
甜麺醤：小さじ1
豆板醤：小さじ1

B
水：3/4カップ
醤油：大さじ1と1/2
紹興酒：大さじ1

a

◎ 作り方

1 豆腐は1.5cm角に切り、水気をきる。ニラは5mm幅に切る。
　AとBはそれぞれ混ぜる。

2 フライパンにサラダ油を中火で熱し、挽肉をほぐしながら
　3～4分炒める。カリッとしてきたら(a)、弱火にしてAを
　加え、1分炒める。

3 Bと豆腐を加え(b)、沸いたら3分煮る。

4 片栗粉でとろみをつけ(c)、長ねぎ、ニラ、辣油を加え(d)、
　強火にして触らずに30秒焼きつけ、ひと混ぜして器に盛
　り、花椒粉をふる。仕上げに強火で温度を上げることで、
　香ばしさと油に軽さを出す。

b

c

d

蟹肉焼売

蟹肉のほぐし身と挽肉を入れたプリプリの焼売。
蒸し上げたばかりの熱々をいただくのは至福の時間です。

p.89

◎ 材料（30個分）

豚挽肉：400g
蟹のほぐし身：150g
玉ねぎ：1/2個
干し椎茸
　：2枚（水でひと晩戻す）
焼売の皮：30枚

A

片栗粉：大さじ3
おろししょうが：1かけ分
醤油：大さじ1
紹興酒：大さじ1
オイスターソース：小さじ2
砂糖：小さじ1
ごま油：小さじ1
塩：小さじ1/3

◎ 作り方

1 蟹のほぐし身は仕上げ用に50g取り置く。玉ねぎと水気を
絞った干し椎茸はみじん切りにする。

2 ボウルに挽肉とAを入れて粘り気が出るまで混ぜ、蟹肉、
玉ねぎ、干し椎茸を加えてさらに混ぜる。

3 皮にあんを平らにのせ（a）、皮のふちを持ち上げ、底を作る
（b）（c）。安定するように真ん中にくびれをつけ（d）、残り
も同様に包む。

4 蒸籠にオーブンシートを敷き、3を並べて蟹のほぐし身を
のせ、強火で10分蒸す。

冬

a

b

c

d

p.90

ラムと春菊の水餃子

ラム肉を豚挽肉に替えても。水餃子は手作りの皮で作るのが断然美味しい。
多少不格好でも、その美味しさにびっくりするはずです。

◎ 材料（16個分）

ラム焼き肉用肉：150g
春菊：1束（200g）
塩：小さじ1/3
打ち粉：適量

A

　強力粉：50g
　薄力粉：50g
　水：1/4カップ

B

　醤油：大さじ1
　紹興酒：小さじ2
　ごま油：小さじ1
　粗挽き黒胡椒：小さじ1

◎ 作り方

1 皮を作る。Aの粉類はボウルに入れて軽く混ぜ、水を少しずつ加えて菜箸で混ぜ、手である程度まとめたら取り出す。表面がツルッとするまでこね、丸めてラップで包んで30分休ませる。

2 あんを作る。ラム肉は粗く刻む。春菊は茎を小口切りにし、葉は粗く刻む。塩をまぶして10分置いて水気を絞る。

3 ボウルにラム肉とBを入れて混ぜ、春菊を加えてさらに混ぜる。

4 打ち粉をして休ませた生地を半分に切り、それぞれ直径2cmの棒状にのばし、包丁で8等分に切る（a）。

5 切り口を上にして軽く手で押さえ（b）、小さめの円形にする（c）。外側から中心に向かって回しながら綿棒で直径8～10cmにのばす（d）。外側から中心に向かってのばすことで、皮の中心が厚くなる。

6 皮にあんをのせ（e）、しっかり閉じる（f）（g）。閉じ口のまん中にひだをひとつ寄せ（h）、たっぷりの湯で7～8分茹でる（i）。

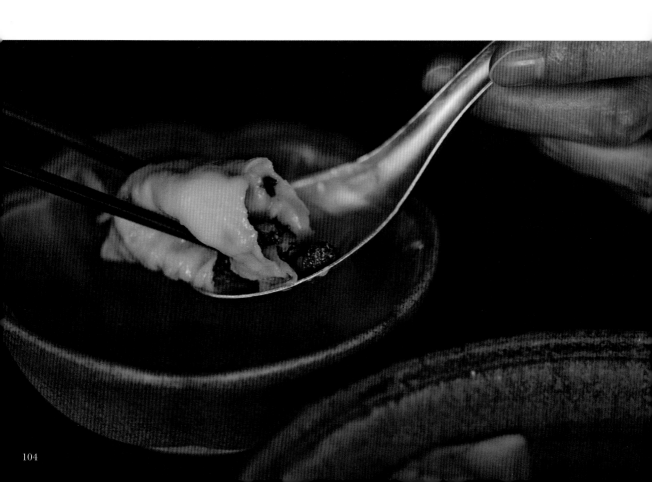

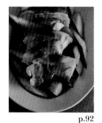

p.92

茹で鶏 怪味ソース

「怪味（グァイウェイ）」は塩気、酸味、
甘み、辛みが混ざった複雑な味という意味。
茹で鶏は冷蔵庫で2〜3日は保存できます。

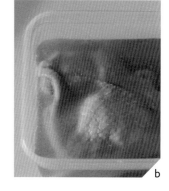

a

b

◎ 材料（2人分）

鶏もも肉：1枚（300g）
長ねぎの青い部分：2本
しょうがの薄切り：2枚
酒：大さじ2
きゅうり：1本
A
  長ねぎのみじん切り：10cm
  しょうがのみじん切り：1かけ分

練りごま：大さじ1
醤油：大さじ1
米酢：大さじ1
砂糖：大さじ1
辣油：小さじ1
花椒粉：小さじ1/4

◎ 作り方

1 鶏肉は余分な脂と筋を取る。Aは混ぜる。

2 鍋に水2ℓ、長ねぎ、しょうが、酒を入れて火にかける。沸いたら鶏肉を加え（a）、蓋をして火を止め、25〜30分置く。氷水に取り出して冷まし、水気を取る。

3 茹で汁は沸かし、ボウルに2カップを入れる。塩小さじ1/2（分量外）加えて混ぜ、冷ます。完全に冷めたら保存容器に茹で鶏とともに入れ、冷蔵庫で2時間ほど冷やす（b）。

4 茹で鶏を食べやすい大きさに切る。きゅうりは縦4等分に切り、斜め1cm幅に切る。

5 器にきゅうりと茹で鶏を盛り、Aを回しかける。

p.93

鶏肉と大根のオイスター煮込み

骨付き肉を使うと出汁が出て、深い味わいに。
とろみがつくまで煮詰め、大根にも味を染み込ませます。

a

b

◎ 材料（2人分）

鶏もも骨付きぶつ切り肉
  ：300g
大根：400g
にんにく：1かけ
柚子の皮の千切り：1/2個分
サラダ油：大さじ1

A
  水：2と1/2カップ
  オイスターソース：
    大さじ1と1/2
  醤油：大さじ1
  紹興酒：大さじ1
  砂糖：大さじ1
  花椒（粒）：小さじ1

◎ 作り方

1 大根は2cm幅のいちょう切りにする。にんにくは薄切りにする。

2 フライパンにサラダ油を中火で熱し、鶏肉を入れて焼き色をつけ、大根とにんにくを加えてさっと炒める（a）。Aを加え（b）、ひと煮立ちしたらアクを取り、紙蓋をして15分煮る。

3 汁気が少なくなったら紙蓋を外して強火にし、とろみがつくまで煮ながら煮汁を絡める。器に盛り、柚子の皮をのせる。

豚スペアリブの豆豉蒸し

スペアリブの旨みが染み込んだれんこんが最高に美味。
混ぜて蒸すだけで、おもてなしにも喜ばれるひと皿。

a

◎ 材料（2人分）

豚スペアリブ：400g
れんこん：150g
しょうがの千切り
　　：2かけ分

A
豆豉のみじん切り：大さじ2
醤油：大さじ1
オイスターソース：大さじ1
紹興酒：大さじ1
片栗粉：大さじ1
砂糖：小さじ1
黒酢：小さじ1

b

◎ 作り方

1 豚肉は骨を下にして斜めに数か所切り込みを入れる。れんこんは皮をむき、1cm幅の半月切りにする。

2 ボウルに豚肉とAを入れて揉み込み、1時間ほど置く（a）。

3 器にれんこんを敷き、2としょうがをのせ（b）、蒸籠に入れて中火で25分蒸す。

p.94

冬

p.95

牛肉の辛煮込み

仕上げは皿の上で。熱々の即席辣油で
真冬でも汗をかくほど、温まる辛煮込みです。

a

◎ 材料（2人分）

牛切り落とし肉：200g
レタス：3〜4枚
長ねぎ：1/2本
花椒（粒）：大さじ1
粗挽き唐辛子：大さじ1
米油：大さじ4
片栗粉：大さじ2

A
おろしにんにく：1かけ分
おろししょうが：1かけ分
豆板醤：小さじ1

B
鶏スープ（p.109参照）：1カップ
醤油：大さじ1と1/2
紹興酒：大さじ1

b

◎ 作り方

1 肉は片栗粉をまぶす。レタスは大きめにちぎり、器に盛る。長ねぎは斜め薄切りにする。Bは混ぜる。

2 フライパンに米油大さじ1を中火で熱し、Aをさっと炒める。香りが立ったら長ねぎとBを加えてひと煮立ちさせる。

3 牛肉を1枚ずつ加え（a）、2分煮て、火を通したらレタスにかける。花椒と粗挽き唐辛子をのせ、煙が出る程度までによく熱した米油大さじ3をかける（b）。

p.96

ピェンロー鍋

白菜が主役のシンプルな中華鍋。
椎茸の戻し汁でひたすら煮るだけで旨みが凝縮します。

◎ 材料 (2人分)
豚バラ薄切り肉：200g
白菜：1/4株
干し椎茸：4枚
春雨：30g
ごま油：大さじ1
一味唐辛子：適宜
A
　紹興酒：大さじ1
　ごま油：大さじ1
　塩：小さじ1

◎ 作り方
1 干し椎茸は水4カップにひと晩浸して戻す。取り出し、カ
　サは斜め3等分に切り、軸は石づきを落として薄切りにす
　る。
2 白菜は横1cm幅に切る。春雨は表示通りに戻して食べやす
　い長さに切る。豚肉は5cm幅に切る。
3 鍋に椎茸の戻し汁とAを入れて中火にかけ、沸いたら豚肉
　をほぐしながら加え、白菜と春雨を加えて蓋をして弱火で
　10分煮る。仕上げにごま油をかけ、好みで一味唐辛子をふ
　って食べる。

p.97

中華おこわ

土鍋で作れる具だくさんの中華おこわです。
もちもちとふっくら、おにぎりにしても美味しい。

◎ 材料 (2人分)
米：1合
もち米：1合
豚肩とんかつ用ロース肉
　：1枚 (150g)
干し椎茸：2枚 (水でひと晩戻す)
にんじん：1/4本 (50g)
甘栗：5個
うずらの卵 (水煮)：1缶
ごま油：小さじ2

A
鶏スープ (p.109参照)
　：1と3/4カップ
干し椎茸の戻し汁
　：大さじ2
醤油：大さじ1
オイスターソース
　：大さじ1
紹興酒：小さじ1
塩：小さじ1/4

◎ 作り方
1 米ともち米は合わせて洗い、ザルに上げて15分置く。豚肉、
　水気を絞った干し椎茸、にんじんは1cm角に切る。うずら
　の卵は缶汁をきる。Aは混ぜる。
2 フライパンにごま油を中火で熱し、豚肉を2分炒め、干し
　椎茸とにんじんを加えてさらに1分炒める (a)。米ともち米
　を加えてさっと炒め合わせたら (b)、土鍋に移す。
3 Aを加えて混ぜ (c)、甘栗とうずらの卵をのせて蓋をして中
　火にかける。沸騰したら弱火にし、10〜12分加熱して火を
　止めて20分蒸らす。

a

b

c

本書で使うスープと出汁

旬中華で使うスープと、合わせ出汁。
中華料理に意外な和風出汁を取り入れると、
おうち中華の幅が広がります。

鶏スープ

鰹と昆布の
合わせ出汁

鶏スープ

◎ **材料**（作りやすい分量）
鶏むね挽肉：400g
酒：大さじ1
しょうがの薄切り：2枚
水：1.5ℓ

◎ **作り方**
1 鍋にすべての材料を入れてよく混ぜる。

2 中火にかけて鍋底からヘラで混ぜながら沸騰するまで加熱し、アクを取る。

3 弱火にして30分煮て、ペーパータオルを敷いたザルで静かに濾す。

鰹と昆布の合わせ出汁

◎ **材料**（作りやすい分量）
削り節：40g
昆布：20g
水：1.5ℓ

◎ **作り方**
1 昆布は表面を濡れ布巾でふく。

2 鍋に昆布と水を入れて30分置く。

3 鍋を弱火にかけ、沸騰直前に昆布を取り出す。

4 削り節を加えて中火にする。沸いたらアクを取り、弱火にして2分煮て、ペーパータオルを敷いたザルで静かに濾す。

いつもの中華を底上げする 自家製香り油

辣油

◎ 材料（作りやすい分量）

米油：1カップ　　　　　しょうがの薄切り：2枚
粗挽き唐辛子：50g　　　八角：1個
長ねぎの青い部分：1本　カルダモン：2個
にんにくのみじん切り　　花椒（粒）：大さじ1
　：1/2かけ分　　　　　粗挽き黒胡椒：10粒

◎ 作り方

1 鍋に米油、長ねぎ、にんにく、しょうがを入れ、弱火にかける。長ねぎなどがきつね色になったら八角、カルダモン、花椒、黒胡椒も加える。

2 香りが立ったら、粗挽き唐辛子を加えて混ぜながら5分加熱し、ペーパータオルを敷いたザルで濾し、完全に冷ます。

海老油

◎ 材料（作りやすい分量）

海老の殻（料理で残ったもの）：50g
長ねぎの青い部分：2本分
しょうがの薄切り：2枚
にんにく：1/2かけ
米油：1カップ

◎ 作り方

1 海老の殻はよく洗って水気をふき、表面が乾くまで炒る。長ねぎは5cm幅に切る。

2 鍋に1と残りの材料を入れ、弱火かける。殻がきつね色になったら、ペーパータオルを敷いたザルで濾し、完全に冷ます。

花椒や八角を効かせて作る手作り辣油は香り高く、本格的な美味しさ。
葱油や海老油、花椒油も、料理の仕上げに加えれば、料理に風味を与えてくれる万能調味料。
炒飯やラーメン、麻婆豆腐、魚料理の仕上げにと、料理の美味しさを底上げしてくれます。

葱油

◎ **材料** (作りやすい分量)
米油：1カップ
長ねぎ：1本
しょうがの薄切り：1枚

◎ **作り方**
1 長ねぎは小口切りにする。
2 鍋にすべての材料を入れ、弱火にかける。長ね
　ぎの水分が飛んできつね色になったら、ペーパ
　ータオルを敷いたザルで濾し、完全に冷ます。

花椒油

◎ **材料** (作りやすい分量)
米油：1カップ
花椒 (粒)：20g

◎ **作り方**
1 花椒はペーパータオルで包み、軽く叩いて潰す。
2 鍋に花椒と米油を入れ、弱火にかける。花椒の
　表面が色づいてカリッとしたら、ペーパータオ
　ルを敷いたザルで濾し、完全に冷ます。

今井亮

京都府京丹後市の大自然に囲まれた地に生まれる。中華料理をはじめ、家庭料理を得意とする料理家。高校を卒業後、京都市内の老舗中華料理店で修業を積み、東京へ。フードコーディネーター学校を卒業後、料理家のアシスタントなどを経て、独立。身近な食材でも小ワザを効かせ、お店の味を気兼ねなく作れるレシピは男女問わず幅広い年代から支持を得ている。雑誌、書籍、テレビなどで幅広く活動中。1女の父としても家事、育児に奮闘。近著に『野菜で中華』(成美堂出版)、『炒めない炒めもの』(主婦と生活社)、『そそる!うち中華』(学研プラス)など。

Photograph
宮濱祐美子

Styling
西崎弥沙

Artdirection & Design
関宙明(ミスター・ユニバース)

Cooking Assistant
コバヤシリサ

Printing Direction
丹下善尚(図書印刷株式会社)

Editing
小池洋子(グラフィック社)

旬中華

季節で味わう、家庭で楽しむ。

2023年2月25日　初版第1刷発行

著　者　今井亮

発行者　西川正伸

発行所　株式会社グラフィック社
〒102-0073　東京都千代田区九段北1−14−17
tel.03-3263-4318(代表)
03-3263-4579(編集)
郵便振替 00130-6-114345
http://www.graphicsha.co.jp

印刷・製本 図書印刷株式会社

・定価はカバーに表示してあります。
・乱丁・落丁本は、小社業務部宛にお送りください。小社送料負担にてお取り替え致します。
・著作権法上、本書掲載の写真・図・文の無断転載・借用・複製は禁じられています。
・本書のコピー、スキャン、デジタル化等の無断複製は著作権法上の例外を除いて禁じられています。
・本書を代行業者等の第三者に依頼してスキャンやデジタル化することは、たとえ個人や家庭内での利用であっても著作権法上認められておりません。

© Ryo Imai
2023 Printed in Japan
ISBN978-4-7661-3747-7 C2077